내 운명을 바꾸는
사주 그림책

강산 글 | 백철호 그림

앨피

글쓴이 머리말

좋은 기운을 당겨서 채우자

우주는 연결되어 있다. 이 연결에서 벗어나 독자적으로 움직이는 것은 아무것도 없다. 이는 우리가 살고 있는 지구행성이 태양계와의 연결 고리가 끊어지는 순간에 바로 부서진다는 사실만 생각해 봐도 알 수 있다. 우주는 물리적으로도 연결돼 있지만, 그 연결 고리가 정신세계로까지 이어진다. 달의 차고 기움에 따라 인간 심리에 변화가 일어난다는 것은 이미 정설이다. 태양 흑점의 폭발이 거세지면 지구인들의 범죄율이 증가한다는 보고도 있다.

그림도 그러하다. 그림에도 에너지가 들어가게 마련이고, 그 에너지가 그림을 바라보는 사람의 심리에 영향을 미친다. 좋은 그림은 좋은 에너지를, 나쁜 그림은 나쁜 에너지를 뿜어낸다. 이 에너지가 사람의 심리를 조절하고, 그 심리가 결국 행동으로 이어진다. 동양에서는 이 에너지를 기氣라고 불렀다. 기氣 역시 좋은 기가 있고 나쁜 기도 있다. "기운 좋다", "기분 좋다", "기세 있다", "기운 차려라" 할 때의 기는 당연히 좋은 기다. 반면에 "음산한 기운이 돈다", "기분 나쁘다" 할 때의 기는 좋지 않는 기다.

무병장수하고 큰 성공을 이루려면 어찌해야 할까? 좋은 기를 받아들이고, 나쁜 기는 물리쳐야 한다. 나에게 넘치는 기운은 덜어내고, 부족한 기운은 채워야 한다. 완벽한 사람은 없다. 온통 좋은 기운만 차 있어 보충할 필요가 없는 존재는 신神밖에 없다. 그래서 우리 인간은 부족한 기운과 에너지를 음식과 운동으로, 신을 향한 기도로, 성실한 노력으로 채우려고 한다.

이 책에 실린 그림들의 오행색五行色은 우주의 모든 기운을 품고 있다. 우주는 텅 비어 있는 공空에서 출발하여 음양陰陽으로 자신의 존재성을 드러낸다. 음양에는 다섯 개의 기운이 존재하는데, 그것이 바로 오행五行이다. 우주를 지키는 '독수리 오형제'랄까.

첫째는 솟아오르는 기운(木: 청색)이며, 둘째는 펼쳐지는 기운(火: 붉은색)이고, 셋째는 포용하는 기운(土: 노란색)이며, 넷째는 수렴하는 기운(金: 흰색)이고, 마지막 다섯째는 감추는 기운(水: 검은색)이다.

이 다섯 개의 기운이 우주에 가득 차 있고, 사람에게도 뻗친다. 그런데 개인에게는 다섯 기운이 골고루 뻗치지 않는다. 반드시 그중 일부만 편중된다. 극단적으로 하나만 있는 사람도 있고, 다 있는데 정작 중요한 것은 없는 사람도 있다. 아쉬움이다. 없거나 빠진 것을 조화롭게 채우면 누구나 무병장수하고 성공한다.

좋은 기운을 채우자! 이것이 이 책을 기획한 동기다. 건강한 삶을 위해서, 풍족한 재물을 위해서, 직업적 성취를 위해서, 원만한 인간관계를 위해서 이 책에 실린 그림들을 보라. 내가 원하는 바, 나에게 부족한 기운이 담긴 그림을 매일같이 보고 내 안에 담으면 변화가 일어난다. 삶의 행복과 발전이 찾아온다.

색에도 에너지가 있다. 색의 온도라고 불러도 좋다. 그 에너지와 온도가 우리에게 필요한 기운과 에너지를 채워 준다. 기운을 당겨와야 한다. 복이 없거나 약한 운명을 타고났다고 포기할 것이 아니라 없는 복이라도 잡아와야 한다. 이 기운을 챙길 수만 있다면 그냥 지나가던 우주의 기운을 끌어와 작은 복도 큰 복으로 상승시킬 수 있다.

이 책에 실린 그림들은 누구에게나 적용되는 복을 상승시키는 도상圖像들이다. 가만히 쳐다보기만 해도 기운이 들어온다. 쳐다보는 중에 특정 색이 눈에 들어오면 그 색에 집중하라. 나에게 필요한 기운이 몸과 영혼에 넘실대며 흘러 들어온다.

삶은 기운이다. 기운을 당기면 행복해지고, 당기지 못하면 힘들고 가난하게 산다. 하루에 5분씩 호흡을 가다듬고 쳐다보자. 어느새 성공한 사람, 행복한 사람이 되어 있을 것이다.

강산

그린이 머리말

오행과 오방위 색면의 미학적 만남

지난 30년 가까운 시간 동안 나의 작업은 무대디자인과 연출, 평면미술과 설치미술, 실내건축 등 여러 영역을 오갔지만 그것들을 관통하는 하나의 키워드는 '장면SCENE'이었다.

장면은 우리의 시각적 지평 안에 무한하게 나타났다가 곧 사라지기를 반복한다. 그것은 물질처럼 존재하다가 때로는 끈끈한 점액처럼 특정한 형태를 갖추지 않은 채 세상과 개인의 삶을 연결했다가 곧 끊어 버리기도 한다. 또한, 우리의 곁을 빠르게 스쳐 지나가기도 하고 혹은 구상과 비구상의 경계에서 기억이라는 관념적 형태로 오랫동안 우리 곁에 머물러 있기도 한다.

그것의 꼴은 점이기도 하다가 수없이 많은 선의 교차와 반복된 가로지르기 등을 통해 면으로 인식되기도 한다. 또, 면은 빛을 받아들이고 색을 시각화하며 구체적으로 존재하기도 한다. 이렇게 시각화되기 시작한 꼴과 색은 정착되기도 하지만 대부분은 우리 주변에서 여러 개의 파편이 되어 의식과 무의식의 차원 안에서 부유하게 된다. 이렇게 부유하는 이미지들은 사방四方, 오방五方, 팔방八方으로 퍼져 나가다가 본연의 색과 조화하는 방위를 만나면 자신의 색감에 함축된 해로운 기운을 날려 버리고 좋은 에너지로 충만해진다.

이러한 장면SCENE을 모티브로 하여 우리가 전통적으로 가지고 있는 색 감각을 기본으로 하는 오행五行

과 오방위五方位의 색면을 1950년대 서구에서 발생한 색면추상과 미니멀리즘minimalism에 접목하여 현대적으로 재해석하였다. 200편이 넘는 공연미술 작업을 해 오면서 여러 공연 장르(전통, 창작, 현대무용, 연극, 마당극, 오페라, 뮤지컬)에 숨어 있는 한국적 샤머니즘과 제례의식들을 감각적으로 익힌 것이 직관적 색감을 미학적으로 표현하는 데 큰 도움이 되었다.

오행과 오방위 색면이 건축 공간에 적용되면 빈 공간이나 음陰의 기운이 강한 공간 혹은 기氣의 흐름이 막힌 공간에 생기를 북돋는 역할을 한다. 그러면 그 안에 거주하는 사람들에게도 당연히 좋은 기운을 불어넣게 된다. 이 책에 실린 작품들이 바로 그런 역할을 할 것이다.

아무쪼록 이 그림들이 독자들의 마음의 상처나 고통을 치유하고, 심리적 안정과 육체의 에너지를 보충해 주는 역할을 하길 바란다. 나의 그림들을 통해 위로와 기운을 받는 사람들이 있다면 더 바랄 것이 없겠다. 그림 촬영에 도움을 준 동주대학교 박희진 교수님께 이 자릴 빌려 깊은 감사의 마음을 전한다.

백철호

그림의 기운을 100% 끌어당기는 법

1 눈을 감고 호흡을 가다듬는다. 나의 호흡을 가만히 느껴 본다. 들숨과 날숨, 공기가 코로 들어와서 폐를 채우고 다시 나가는 것을 조용히 살핀다. 1분간 진행한다.

2 내가 소원하는 주제를 찾아서 책을 펼친다. 건강이면 건강, 재물이면 재물, 가족 화합이면 화합 장章을 펼친다.

3 종이에 소원의 내용을 구체적으로 적는다. 내용은 구체적일수록 좋다. 가령 주식 재물이면, 목표 설정에 액수를 기입하고 구체적인 주식투자 단계와 방법을 적는다(가령, 1. 어떻게 좋은 투자처를 발굴할지 2. 투자금은 얼마이며 어떻게 마련할지 3. 구체적으로 몇 월에 투자해서 몇 월에 회수할지 4. 희망 수익률은 몇 퍼센트인지 등등).

4 소망과 실천 내용을 적고 나서 해당 그림을 5분 이상 쳐다본다. 눈이 피곤해지면 잠시 쉬었다가 다시 봐도 된다. 오랫동안 본다고 좋은 것이 아니고, 얼마나 집중하느냐가 중요하다.

5 특정한 색이 눈에 들어오면 그 색에 집중한다. 그 색이 바로 나에게 필요한 기운이다. 2개 이상의 색에 눈길이 간다면 두 개를 집중해서 봐도 된다. 하나를 먼저 집중해서 보고 다른 색을 봐도 좋고, 두 색을 번갈아 봐도 괜찮다.

6 이 방법을 매일 실천하라. 기한을 정하고 하면 더욱 효과적이다. 7일간, 21일간, 49일간, 100일간 이렇게 기한을 정하면 에너지가 집중된다.

7 필요한 그림은 오려서 액자에 넣어 잘 보이는 곳에 걸어 놓으라. 실내 인테리어 소품으로도 손색이 없다. 집이나 사업장에 걸어 두면 기운을 더욱 증폭시킬 수 있다.

차례

1 재물복을 부르자 ……… 11
- 부동산을 상승시키는 그림 ……… 14
- 주식을 상승시키는 그림 ……… 16
- 월급을 상승시키는 그림 ……… 18
- 사업을 상승시키는 그림 ……… 20

2 직업복을 부르자 ……… 23
- 취직 잘되는 그림 ……… 26
- 승진 잘되는 그림 ……… 28
- 상사와 화합하는 그림 ……… 30
- 부하와 화합하는 그림 ……… 32
- 동료와 화합하는 그림 ……… 34

3 건강복을 가져오자 ……… 37
- 질병을 퇴치하는 그림 ……… 40
- 건강을 증진시키는 그림 ……… 42
- 수명을 연장하는 그림 ……… 44

4 학습복을 증대시키자 ……… 47
- 진학 잘되는 그림 ……… 50
- 학습 잘되는 그림 ……… 52
- 선생님과 화합하는 그림 ……… 54
- 학우와 화합하는 그림 ……… 56

5 가족 화합을 이루자	59	부부가 화합하는 그림	62
		형제가 화합하는 그림	64
		부모자식이 화합하는 그림	66
6 관재구설을 방지하자	69	구설수를 해결하는 그림	72
		민사소송을 해결하는 그림	74
		형사소송을 해결하는 그림	76
7 교통사고를 방지하자	79	안전한 외출을 돕는 그림	82
		안전운전을 돕는 그림	84
8 반려동물과 행복하기	87	반려동물이 행복해지는 그림	90
9 아름다운 연애를 위해	93	여자가 나를 좋아하게 하는 그림	96
		남자가 나를 좋아하게 하는 그림	98
		권태기를 극복하는 그림	100
부 록 부적카드			103

01 재물복을 부르자

재물에 관한 사주명리학적 단상

사람의 운명을 판단하는 사주명리학에서는 재물에 대해서 6가지 등급으로 나눠서 판단합니다. 첫 번째는 큰 부자, 두 번째는 부자, 세 번째는 평범, 네 번째는 평범 이하, 다섯 번째는 겨우 먹고 사는 사람, 여섯 번째는 거지이지요. 사주팔자를 보자마자 단번에 그가 부자인지 거지인지를 확정한다는 것이죠.

대부분의 사람들이 큰 부자가 되고자 하나, 이 욕망을 실현하는 사람은 극히 드뭅니다. 두 번째 등급인 부자로 사는 것만도 고맙게 여기는 사람이 많습니다만, 그저 평범하게라도 살아 보고 싶다고 염원하는 분들도 적지 않습니다. 그래서 인생은 자기 마음대로 되지 않는 수레바퀴와도 같습니다. 어디로 굴러갈지 아무도 모르니까요.

태어날 때부터 돈 되는 사주로 생겨나는 사람도 있습니다. 우리가 잘 아는 현대그룹 고 정주영 회장이나, 삼성 이건희 회장, 미국의 마이크로소프트사를 만든 빌 게이츠, 엄청난 재물을 벌어들인 그리스의 선박왕 오나시스 등의 사주를 보면 그 속에 엄청난 재물이 보입니다.

사주팔자라는 것이 태어난 연월일시를 통해서 그 사람의 운명을 살피는 것인데, 그 연월일시의 코드는 네 기둥 여덟 글자밖에 없습니다. 사주四柱는 기둥이 네 개라는 뜻입니다. 팔자八字는 글자가 여덟 개라는 뜻입니다. 다시 말해, 기둥 네 개에 그 기둥을 구성하는 글자가 여덟 개인 정말 단순한 코드입니다.

이 몇 개 되지도 않는 글자에 재벌의 사주도 있고, 거지의 사주도 보입니다. 일반인의 입장에서는 참으로 신기할 따름입니다. 하지만 명리학을 공부하는 사람들은 이 코드를 신기하게 보지 않습니다. 그저 타고난 '운명 코드'라고만 판단하지요. 사주를 척 보자마자 재벌 혹은 거지 팔자라고 바로 짚어 내지요.

앞서 말한 그리스의 선박왕 오나시스는 미국의 존 F. 케네디의 부인 재클린과 재혼해서 더 유명해진 전 세계적 부자입니다. 사주팔자를 보는 사람들에게 이 사람의 사주를 들고 가서 판단해 달라고 하면, 실력 있는 명리학자들은 대부분 "재벌" "아주 큰 부자 팔자"라고 이구동성으로 말합니다. 그 근거는 어디에 있을까요?

바로 오나시스의 사주팔자에 있습니다. 다소 전문적인 내용이지만, 한두 가지만 힌트를 드린다면, 그의 사주팔자에는 창고가 있는데 그 속에는 끝도 없고 양도 알 수 없는 엄청난 재물이 들어 있지요. 〈알리바바와 40인의 도둑〉에 나올 법한 '열려라~ 참깨' 같은 보물창고입니다. 원래 창고는 창고를 여는 키(열쇠)가 있어야 열리는데, 오나시스의 사주에는 이 문을 활짝 열어젖힐 열쇠가 너무나도 절묘하게 들어가 있습니다. 즉, "열려라~ 참깨!!"라고 말하는 암호열쇠가 있다는 것이죠. 이 두 가지가 있으면 무조건

일단 '기본 부자'입니다.

    이 암호열쇠가 튼실하고 더불어 옆에서 잡아 주는 존재까지 있다면 금상첨화, 즉 대재벌이 되는 것입니다. 삼성 이건희 회장도 마찬가지입니다. 빌 게이츠도 동일합니다. 현대의 정주영 회장도 여기에서 벗어나지 않습니다.

    많은 사람들이 이러한 재물창고를 타고나면 얼마나 좋을까요. 그러나 다양한 시간대가 존재하는 우주에 특히 재물에 좋은 시간대를 타고나는 사람은 극히 제한적입니다. 100만 명에 한 명? 1천만 명에 한 명이 있을까 말까 합니다. 아쉬운 점이 아닐 수 없습니다.

    그렇다면 타고난 팔자가 재물창고도 없고 이 창고를 열 수 있는 만능열쇠도 없다면 어찌해야 할까요? 그저 꿈을 접고 안분지족하며 살아야 할까요? 아닙니다. 재물창고가 없다면 찾아야 하고, 창고는 있는데 열쇠가 없다면 그 열쇠를 어디 가서라도 구해 와야 할 것 아닙니까? 이것이 바로 운명을 개척하는 비법입니다. 재물창고를 찾고, 그 창고를 여는 열쇠를 찾기만 하면 누구나 부자가 됩니다.

    이제부터 등장할 4장의 그림들은 이 창고와 열쇠를 찾는 일종의 보물지도입니다. 어떤 운을 타고났든 보는 이의 재물복을 상승시키는 도상입니다. 가만히 쳐다보기만 해도 재물의 기운을 당겨옵니다. 특정 색이 눈에 띄면 그 색에 집중하세요. 나에게 필요한 재물의 기운이 힘차게 나의 몸과 정신에 흘러들어옵니다. 부자는 기운氣運입니다. 기운을 당기면 부자가 되고, 당기지 못하면 가난하게 삽니다. 부디 부자로 살아가길 기원합니다.

부동산을 상승시키는 그림

부동산은 땅의 기운이다. 도상은 땅을 형상화 하였고, 땅속의 보물이 강력한 에너지를 만들어 나에게 이르게 배치했다.

▲ 부동산을 상승시키는 그림

주식을 상승시키는 그림

주식은 불꽃이다. 화려하게 타오르다 꺼진다. 화려하게 타오르는 시점과 꺼지는 시점을 놓치지 않는 것이 에너지의 포인트.

▲ 주식을 상승시키는 그림

월급을 상승시키는 그림

창틀 속에 배치된 도상은 조직 속에서 나눠지는 파이다. 파이는 키워서 나눠야 한다. 불균형의 균형, 그 속에서 폭발적 에너지를 끌어낸다.

▲ 월급을 상승시키는 그림

사업을 상승시키는 그림

군계일학群鷄一鶴. 많은 닭 중에 유일한 학이다. 숱한 경쟁을 물리치고 해당 분야의 최고가 되어 안정적으로 이어지는 에너지를 당겨온다.

▲ 사업을 상승시키는 그림

02 직업복을 부르자

직업에 대한 사주명리학적 단상

　명리학에는 개인의 직업운을 살피는 기술이 매우 발달돼 있습니다. 간단히 말하면, 그 사람이 태어난 생년월일시를 나타내는 여덟 개의 글자 중에서 직업과 관련된 글자를 찾는 것이죠. 그 직업과 관련된 글자를 명리학에서는 '관官'이라고 부릅니다. 이 관官이라는 한자는 벼슬을 뜻합니다. 또 다른 의미로는 관청이나 관청에서 일하는 사람을 지칭하기도 합니다. 즉, 공무나 공무원이라는 의미지요.

　사주에 이 관이라는 글자가 아름답게 잘 나와 있으면 국가의 부름을 받아 벼슬을 하게 됩니다. 그래서 어디 용하다는 곳에 사주를 보러 가면 "사주에 관이 있네, 없네" 하는 소리 듣게 되는 것입니다.

　조선시대에는 관직을 얻어 국가의 일을 하는 사람이 극히 드물었습니다. 조선시대에 관리를 뽑던 과거시험의 문과 합격자는 연평균 29명이었습니다. 반면 2019년 현재 대한민국 공무원 충원 계획에 따르면 한 해에 1만 7천여 명을 새로 뽑는다고 합니다. 단순 비교만 해 보아도 엄청난 차이가 있습니다. 조선시대의 총 관직 수는 《경국대전》(1484)을 근거로 볼 때 5~6천 명 정도인데, 지금 대한민국은 공무원 수가 100만 명에 이릅니다.

게다가 요즘 기준으로 보면 어디 공무원만 관리官吏입니까? 공무원이 아니어도 대기업과 중소기업에 다양하고 많은 수의 관리管理(직)들이 있습니다. 그래서 근대에 들어와서는 관을 꼭 공직 벼슬을 하는 사람으로 국한하지 않고 직장을 다니는 사람이면 모두 적용시키고 있습니다. 사회 변화에 따라 명리학도 새로운 해석 방식을 택하는 것이지요.

그런데 아이러니한 것은, 공무원과 대기업 중소기업을 망라해 이처럼 많은 일자리가 있는데 정작 내가 들어갈 곳은 없다는 점입니다. 아무리 열심히 공부해도, 남들보다 더 많은 스펙을 쌓아도 좀처럼 취업의 문은 열리지 않습니다. 왜 그럴까요? 명리학에서는 사주팔자에 관官이 없거나 약하거나, 아니면 비슷한 의미맥락을 갖는 글자로도 대체되지 않아서 그렇다고 풀이합니다. 즉, 운명이라는 뜻이죠. 그렇다면 운명이라는데, 운명대로 살아야 하지 않느냐? 그건 아닙니다. 명리학의 묘미는 운명을 개척하는 것으로 본다는 데 있습니다.

원래 명리학에서는 관官을 네 기둥四柱의 주체(본인)를 통제하고 관리하는 글자로 봅니다. 전문적으로는 자신을 극剋하는 글자라고 표현합니다. 즉, 사주팔자에 관이 없다 함은 자신을 통제하고 관리하는 존재가 없다는 의미입니다. 소위 말해 자신을 컨트롤하는 인내심, 시간을 안배하고 스스로를 관리하는 절제심이 부족하다는 뜻입니다.

이처럼 원래 없는 인내심과 절제력을 노력해서 갖게 된다면? 바로 관이 찾아 들어오는 것입니다. 직장 생활 중에 승진하는 것도 크게 보면 다르지 않습니다. 인내와 절제가 바로 관이고 직장이니, 그것만 잘 찾아 보완하면 원하는 것이 저절로 찾아옵니다. 다음 그림들에는 이러한 기운을 몰고 오는 비법이 담겨 있습니다.

일이 아무리 안 풀려도 기운을 잃으면 안 됩니다. 기운이 꺾여 그 속에 갇히면 더 좋지 않은 기운이 몰려옵니다. 힘차게 일어나서 '안 되는 기운'을 '되는 기운'으로 전환시켜야 합니다. 의지가 꺾일 때마다 다음의 그림들을 보며 마음을 다지세요. 조용히, 그러나 굳센 의지를 담아.

취직 잘되는 그림

새로운 기운 속에 꿈틀대는 에너지. 한길로 전진해 나가는 기상과 중단 없는 연속선으로 에너지를 취업에 집중시킨다.

▲ 취직 잘되는 그림

승진 잘되는 그림

수직 상승의 솟구치는 에너지를 도상에 끌어왔다. 이 강렬한 기운은 천天과 지地를 관통하여 결코 흩어지지 않는다.

▲ 승진 잘되는 그림

상사와 화합하는 그림

아래는 산, 위는 하늘이다. 산과 하늘은 서로가 배경이 된다. 이 절묘한 균형과 조화의 에너지를 당겨서 화합을 이끌어 낸다.

▲ 상사와 화합하는 그림

부하와 화합하는 그림

기운이 아래로 향한다. 그 아래엔 사랑의 바다가 있어 모든 것을 품는다. 상하가 서로 관통하는 기둥을 세워 소통과 화합을 이끌어 낸다.

▲ 부하와 화합하는 그림

동료와 화합하는 그림

손과 손이 맞잡고 기운과 기운이 서로 교환된다. 상하좌우, 앞과 뒤, 모두를 포용하여 무한한 밝음의 에너지를 이끌어 낸다.

▲ 동료와 화합하는 그림

03 건강복을 가져오자

건강에 대한 사주명리학적 단상

술 담배 끊고, 운동하라~! 스트레스를 받지 말라~! 식단을 조절하라~!

몸이 좋지 않아 병원에 가면 항상 듣는 소리입니다. 병원 열 곳에 가면 열 곳 모두 이구동성입니다. 누구나 다 아는 사실이지만, 누구도 실천하기 힘든 일이죠.

그런데 술 담배를 끊고, 운동하고, 몸에 좋은 음식만 먹고, 스트레스를 잘 관리하면, 병에 걸리지 않고 혹 병에 걸려도 나을까요? 그럴 수도 있고 아닐 수도 있습니다. 선천적으로 약하게 태어나는 사람은 어쩔 수가 없으니까요. 스트레스 하나만 생각해 봐도 그렇습니다. 심리적으로 약하게 태어난 사람은 조그만 갈등도 견디기 힘들어합니다. 그래서 스트레스를 받지 말라는 말이 오히려 스트레스가 될 수 있습니다.

한의학에서는 병을 기운의 막힘으로 봅니다. 오장육부의 기운들이 서로 조화를 이루어야 하는데, 그 조화가 깨지면 병이 생긴다는 것이지요. 오장은 간장·심장·비장·폐장·신장, 육부는 대장·소장·

쓸개·위·삼초三焦(상초·중초·하초)·방광을 말합니다. 그래서 침과 약, 뜸을 쓸 때 이 오장육부의 기운을 북돋는 치료를 합니다. 사상체질, 팔체질 등의 이야기도 오장육부의 크기와 상태에 따라 분류하는 것으로 알려져 있습니다. 따라서 체질에 맞는 약과 침, 뜸으로 치료를 이어 가지요.

굳이 한의학이 아니더라도 사람의 체질은 태어날 때부터 이미 정해져 있다고 하지요. 모든 사람은 어머니 뱃속에서 나올 때 선천적으로 오장육부 중 한두 개가 약하게 태어납니다. 오장 중 간이 약한 사람, 심장이 약한 사람, 비장·폐장·신장 중 어느 하나의 기운이 상대적으로 힘을 못 쓰는 경우도 있습니다. 육부도 마찬가지입니다.

사람의 운명을 보는 명리학에서는 오행체질론을 말하기도 합니다. 우주의 다섯 가지 기운인 목화토금수木火土金水 중 하나의 기운을 강하게 타고나면 그 기운으로 체질을 형성한다는 의미입니다. 가령 목木 기운이 강하면 목체질, 화火 기운이 강하면 화체질, 토土 기운이 강하면 토체질, 금金 기운이 강하면 금체질, 수水 기운이 강하면 수체질이라고 합니다.

가령 화체질이면 화 기운이 강하므로 이 기운을 빼 주고 상대적으로 약한 다른 기운들을 북돋워 줘야 오행이 균형을 이룹니다. 강한 것은 눌러 주고 약한 것은 북돋워서 다섯 가지 기운의 조화를 꾀하는 것이지요. 명리학에서는 이러한 체질과 관련해서 다양한 처방을 제시합니다. 목기운이 부족한 사람에게는 나물음식과 생선을 먹고, 집에 나무를 키우고, 산에 올라 나무를 껴안고, 운동은 통통 튀는 구기운동을 하라고 권합니다. 맞는 색은 청색이며, 심리적으로는 사랑의 기운을 가지라고 합니다.

화기운이 부족한 사람에게는 찬 음식을 먹지 말고 항상 따뜻하게 데워서 먹으라고 하며, 태양을 자주 볼 수 있게 야외운동을 조언하며, 맞는 색은 붉은색이며 심리적으로는 예절을 잘 갖추라고 권합니다.

토기운이 부족한 사람에게는 땅에서 나는 뿌리채소와 소고기를 먹게 하고, 운동은 등산을 권하며, 아파트보다는 주택, 그중에서도 저층이 좋다고 합니다. 맞는 색은 노란색입니다. 심리적으로는 의심하지 말고 믿는 마음을 가지라고 합니다.

금기운이 부족한 사람에게는 과일과 닭고기를 즐겨 먹으라고 조언하고, 운동은 금속을 갖고 하는 헬스를 권합니다. 맞는 색은 흰색입니다. 심리적으로는 매사에 의리를 갖고 살라고 조언합니다.

수기운이 부족한 사람에게는 과즙이 풍부한 과일과 해산물을 권하고, 운동은 수영을 추천합니다. 맞는 색은 검은색입니다. 심리적으로는 항상 겸손하라고 권합니다.

물론 사주에 너무 강한 기운이 있으면 그것은 하지 말라고 조언합니다. 이처럼 부족한 기운을 채워 주고 넘치는 기운은 빼 주는 것이 조화로움입니다. 이 조화가 바로 건강한 상태입니다.

이제부터 볼 그림들이 도모하는 바도 바로 그것입니다. 강한 기운은 조화롭게 다독이고, 약한 기운은 조화롭게 힘을 불어넣어 주는 것이지요. 가만히 바라보다가 그중에 특히 눈이 가는 색이 있다면 그 색에 집중하세요. 없는 기운은 보충하고 넘치는 기운은 줄여 줍니다. 건강은 곧 조화입니다.

질병을 퇴치하는 그림
기운이 원활하게 흐르도록 에너지를 불어넣는다. 혈류, 근육, 신경, 호르몬 등 모든 신체 구성 조직이 막힘없이 연결되어 소통된다.

▲ 질병을 퇴치하는 그림

건강을 증진시키는 그림

중단 없이 이어지는 중앙선들의 에너지가 혈류와 기맥氣脈을 타고 거침없이 흘러간다. 이 기운의 위력을 가로막을 존재는 없다.

▲ 건강을 증진시키는 그림

수명을 연장하는 그림

수명은 멈출 수 없는 물결이다. 도상의 핵심은 중앙에 있는 흰색 물결! 이 물결의 에너지를 타고 수명이 끊임없이 이어진다.

▲ 수명을 연장하는 그림

04 학습복을 증대시키자

학습에 대한 사주명리학적 단상

명문대에 가는 사주팔자는 따로 있습니다. 믿기 힘든 말이고 믿고 싶지 않은 말일 수도 있지만, 운명을 말하는 명리학에서는 그렇게 정의합니다. 아무리 공부를 열심히 해도 서울대에 가지 못하는 팔자는 서울대에 갈 수 없습니다. 무슨 일이 터져도 터집니다. 시험장에서 답안을 한 칸씩 내려 쓴다거나, 느닷없이 감기 몸살에 걸려 시험에 집중하지 못할 수도 있습니다.

물론 긴 인생에서 대학 이름이 모든 것을 결정하진 않습니다. 인생은 너무나 다양하고 많은 변수와 그에 따른 길흉이 펼쳐지는 장場이기 때문입니다. 하지만 적어도 대한민국에서는 명문 대학이 인생 초반의 승패를 결정짓는 코드라는 점은 부정할 수 없습니다.

사주명리학에서 보는 명문대 진학은 몇 가지 글자로 파악됩니다. 첫째, 머리가 좋은지 아닌지를 알려주는 글자가 있습니다. 둘째, 해당 대학에서 그 사람에게 합격증이라는 문서를 주는지 아닌지를 알려

주는 글자가 있습니다. 셋째, 경쟁자를 이길 수 있는지 없는지를 알려 주는 글자도 살핍니다. 마지막으로, 그해의 운을 확인합니다. 만약 마지막 단계에서 문제가 생기면 다음 해를 봅니다. 바로 재수를 의미하지요. 재수 삼수해서 명문대에 진학하는 경우도 더러 있기 때문입니다.

꼭 명문대는 아니더라도 내 실력보다 좀 더 좋은 곳에 진학할 수 없을까? 모든 수험생의 바람이지요. 가령 전문대는 4년제 대학으로, 4년제 대학에 갈 수 있는 학생들은 상위권 대학에 들어가고자 합니다. 이 경우에 학생들에게 좀 더 노력하고 열심히 공부하면 원하는 곳에 갈 수 있다는 말은 누구나 할 수 있는 말입니다. '노력'은 세상살이 불변의 법칙이라 반박할 수 없는 진리이지요. 하지만 세상을 살아가다 보면 노력만으로 되지 않는 일이 허다하게 많은 것 또한 사실입니다.

노력만으로 되지 않는 타고난 학업운을 어떻게 하면 획기적으로 상승시킬 수 있을까요? 대구 팔공산에는 유명한 기도터가 있습니다. 소위 갓바위라고 알려진 곳인데, 매년 대입 시험 기간이 되면 자녀의 합격을 기원하는 부모들이 인산인해를 이룹니다. 시험 합격에 영험하다는 소문 때문입니다. 실제로 영험한지와는 상관없이 부모들의 그 안타까운 정성이 바위의 마음마저 움직이게 하지 않을까요. 이런 기도터는 전국에 숱하게 많습니다. 심지어 교회나 절에서도 합격 기원 기도회를 엽니다.

여기서 우리가 정말 알고 싶은 것은 단 하나, 실제 효험이 있느냐 없느냐입니다. 사주명리학적 입장에서는 기운의 들고 남을 보기 때문에 효과가 전혀 없다고 단정 지을 수 없습니다. 아니, 실제 현장에서는 효과가 징험되는 경우도 적지 않습니다.

똑같은 사주를 가진 두 사람이 있었습니다. 그중 한 사람은 부산 동아대를 갔고, 다른 사람은 서울 경희대를 갔습니다. 학과는 둘 다 똑같이 정치외교학과였습니다. 경희대를 간 사람의 어머니는 자녀의 고등학교 시절 3년 동안 매일매일 기도를 빠뜨린 적이 없었다고 합니다. 이것이 같은 사주가 다른 인생의 길을 걷게 되는 중요한 전환점 중 하나라고 명리학에서는 봅니다.

병이 있으면 약을 쓰는 것처럼, 기운이 부족하면 기운을 보충하면 됩니다. 운명은 타고난 대로 사는 것이 아니라 개척하는 것입니다. 없는 시간도 쪼개어 열심히 공부하는 것은 기본입니다. 여기에 더불어 기운을 보충하면 더 큰 효과를 볼 수 있습니다. 2시간 공부해서 성취할 것을 1시간 공부해서 이루면 이보다 좋은 시간 활용이 어디 있겠습니까.

다음의 그림들은 학습에 대한 기운을 불어넣어 줍니다. 더불어 선생님과의 관계도 좋아지고, 학우들 간의 불협화음도 없어집니다. 학습에 방해되는 모든 외부적 요인을 사라지게 만듭니다.

진학 잘되는 그림

닫힌 에너지를 열어젖히는 도상. 닫힌 문은 결국 열린다. 아무리 작은 틈이라도 열어서 합격의 기운이 들어가 자리 잡게 한다.

▲ 진학 잘되는 그림

학습 잘되는 그림

그림의 에너지는 좌로 집중되고, 또다시 우로 집중된다. 좌뇌와 우뇌를 함께 발달시킨다. 두 뇌를 100퍼센트 활용하게 하는 도상.

▲ 학습 잘되는 그림

선생님과 화합하는 그림

에너지의 포인트가 중심 선으로 집중된다. 그 중심에 책과 칠판이 있고 공부가 자리잡고 있다. 또한, 사랑의 선생님이 존재한다.

▲ 선생님과 화합하는 그림

학우와 화합하는 그림

학우는 같은 물결이다. 이 물결은 서로를 배신하지 않으며 함께 움직인다. 물결의 일렁임을 극대화하여 화합의 기운을 당긴다.

▲ 학우와 화합하는 그림

05 가족 화합을 이루자

가족 화합에 대한 사주명리학적 단상

결혼하지 않고 혼자 사는 사람도 있지만, 여러 번 결혼하는 사람도 있습니다. 바빠서 혼기를 놓친 경우도 있지만, 본인의 의지로 혼자 사는 사람도 적지 않습니다. 실제로 결혼을 6번 하는 사람의 사주를 본 적도 있으니, 사람의 팔자는 참으로 다양하다는 생각이 듭니다.

결혼하지 않는다고 해서 비난의 대상이 될 수 없는 것과 마찬가지로, 결혼을 많이 한다고 해서 비난의 대상이 될 수는 없습니다. 그 뒤에 어떤 사연이 숨겨져 있는지 알 수 없기 때문이지요. 극단적인 예로 배우자가 사망한 경우도 있습니다.

그렇다면 사람들의 운명이 왜 이렇게 다를까요? 모든 것이 사주팔자에 나와 있다는 것이 명리학의 결론입니다. 명리학에는 '배우자궁'이라는 것이 있습니다. '궁宮'은 집이라는 뜻으로, 배우자가 앉아 있는 집을 의미합니다. 이 배우자궁이 튼튼하고 수려하다면 좋은 남편과 멋진 아내를 만나 평생 행복하게 살아가지만, 배우자궁이 약하거나 허물어져 있으면 결혼을 하지 못하든지 하더라도 생사이별이 일어납니다. 생사이별은 이혼과 사별을 뜻합니다.

이 배우자궁이 여러 개 있는 사람도 있습니다. 태어날 때 이미 배우자궁이 여러 개가 형성되면 운명의 수레바퀴가 굴러가는 대로 여러 명의 배우자가 배우자궁에 자리를 잡게 됩니다. 그 사람이 의도했든 의도하지 않았든 일어날 일은 일어납니다. 앞서 예로 든 것처럼 배우자궁이 6개면 어찌해서든지 6명의 배우자를 맞이하는 것이 명리학의 운명론이죠.

운명대로 살아갈 수밖에 없는 것이 인간의 속성이라고 보면 참으로 안타까운 일이 아닐 수 없습니다. 결혼을 6번이나 하는 극단적인 경우는 그 사연이 어떤 것이든지 당사자의 입장에서는 괴로운 일입니다. 그 배우자와 자식들이 받을 상처도 상당할 것입니다.

결혼을 아예 하지 않는다면 몰라도, 만약 한다면 한 남자 또는 한 여자와 평생 알콩달콩 살아가는 것이 모든 사람의 바람입니다. 명리학적으로 생각해 봐도 이는 분명 큰 복입니다. 그렇지 못한 경우들이 의외로 많기 때문입니다. 이혼을 하지 않더라도 배우자와의 깊은 갈등으로 평생을 한숨으로 보내는 사람도 적지 않습니다.

자식과의 관계도 마찬가지입니다. 자녀와 정답게 잘사는 사람도 많지만, 주체할 수 없는 갈등에 자식들과 등지고 사는 사람도 없지 않습니다. 이 모두가 사주팔자에 나와 있습니다. 명리학에서 자식을 살피는 방법은, 자식이 거주하는 '자식궁(宮)'과 자식에 해당하는 별자리(星)를 보는 것입니다. 이 자식궁과 별자리가 본인과 합이 좋고 서로 도움이 되면 자식과 유정有情하다고 말합니다. 즉, 정이 있다는 말입니다. 하지만 무정無情하게 등을 돌리고 있으면 서로 반목하게 됩니다.

 운명이 그렇다면 이를 그대로 받아들여야 할까요? 다른 방향으로 나아갈 방법은 없을까요? 이것이 개인의 길흉과 화복을 보는 명리학의 고민이기도 합니다. 사랑하고 화합하라! 사실 정답은 누구나 알고 있습니다. 하지만 매 순간 흔들리는 인간의 마음이 어디 말처럼 쉽게 되던가요? 그래서 문제가 있는 배우자궁과 자식궁, 그리고 별자리 기운을 개선하겠다는 마음을 먹는 것이 첫째입니다. 그 간절함으로 우주의 기운을 끌어당기는 것입니다. 기운은 당기면 당겨집니다. 마음을 담아 그림을 보세요.

부부가 화합하는 그림

수승화강水升火降! 음陰인 물은 위로 오르고 양陽인 불은 아래로 내려온다. 물은 부인, 불은 남편. 시원한 물과 따뜻한 불의 기운이 뒤섞이며 교환된다.

▲ 부부가 화합하는 그림

형제가 화합하는 그림

두텁게 칠해진 3개의 색이 형제를 상징한다. 숫자 3은 균형과 조화로움이다. 여기에 노란색은 신뢰와 따스함의 에너지를 힘차게 끌어당긴다.

▲ 형제가 화합하는 그림

부모자식이 화합하는 그림

에너지가 사방팔방四方八方으로 전개된다. 멈출 수가 없다. 아무리 먼 곳에 있어도 어느 방향에 있어도 부모와 자식은 반드시 연결된다.

▲ 부모자식이 화합하는 그림

06 관재구설을 방지하자

관재구설에 대한 사주명리학적 단상

관재구설이라는 말이 생소한 분들이 많을 것입니다. 이 말은 사주팔자를 보는 명리학에서 유래된 말로 알려져 있습니다. 관재수가 터졌다, 구설수가 터졌다고 말하기도 하고, 합쳐서 관재구설수가 발생했다고 하기도 합니다. '관재'는 한자로 官災라 하여 관청으로 인한 재앙을 의미합니다. '구설口舌'은 입과 혀를 가리키는데, 부풀려진 헛소문과 말싸움을 뜻합니다. 관재수, 구설수 할 때의 수數는 숫자라는 의미지만, 명리학에서는 운수運數라는 의미로 쓰입니다.

중국 한漢나라의 순열荀悅이 쓴 철학서 《신감申鑒》에는 '終始運也 短長數也종시운야 단장수야'라는 글이 있습니다. 끝과 시작은 운이고, 그 운의 길이(短長)가 수라는 말입니다. 어떠한 일이 시작되고 마무리되는 것은 운에 이끌리지만, 그 운이 어느 정도의 시간으로 전개되는지는 수라는 것입니다.

사람들은 좋지 않은 일은 빨리 끝나고, 좋은 일은 길게 가야 한다고 바라기에 이 한자는 다음과 같이 조합해 볼 수 있습니다. 좋지 않은 일은 종단終短(끝내기는 짧게), 좋은 일은 시장始長(시작하여 길게)!

그러나 사람이 살아가면서 어떻게 좋은 일만 있겠습니까. 좋고 나쁜 일이 낮과 밤처럼 찾아오기 마련입니다. 그중에서도 관재구설수는 흔하게 경험하는 나쁜 일입니다. 작게는 자동차를 운전하다가 신호를 잘못 봐서 경찰한테 범칙금 스티커를 끊는 것도 관재입니다. 내가 하지도 않은 일에 괜히 말들이 많아져 소문이 눈덩이처럼 불어나 명예가 훼손되는 것은 구설입니다.

명리학은 이 관재구설이 일어나는 시점과 규모를 비교적 정확하게 판단합니다. 여기에는 몇 가지 원리가 있습니다. 본인의 에너지가 미약한데, 사주팔자나 운에서 들어오는 관官 글자의 힘이 강해지면 관재가 터집니다. 본인의 에너지가 딸려서 관을 감당하기가 힘들어지면 관청에서 소환장이 날아오는 것이지요. 구설의 경우는 자신의 에너지가 미약할 때, 사주팔자와 운에서 들어오는 식신食神과 상관傷官(언변과 행동)이 나의 통제권을 벗어나 내 의도와 달리 부풀려져서 하지도 않는 언변과 행동이 왜곡되어 세상에 돌아다니는 것입니다.

관재구설의 공통점은, 본인의 에너지가 약해서 일어난다는 것입니다. 만약 에너지가 강하면 관청에서 소환장이 날아오는 것이 아니라 오히려 표창장을 받게 됩니다. 구설도 마찬가지입니다. 본인의 에너지가 강하면 구설이 터지는 것이 아니라, 본인의 언변과 행동으로 도리어 유명세를 타게 됩니다.

이 에너지는 신체의 튼튼함과는 관계가 없고, 그해에 일어나는 천기天氣와 관련이 있습니다. 우주의 기운이 나에게 에너지를 튼튼하게 던져 주면 관재는 오히려 관과의 관계를 좋게 만들고, 구실도 유리하게 작용하지요.

그래서 명리학에서는 관재와 구설이 발생하면 우선 본인의 에너지를 튼튼하게 만들라고 조언합니다. 그 방법이 바로 기운을 당겨오는 것입니다. 기운은 당기면 당겨집니다. 조용히 호흡을 가다듬고 다음 그림들을 보며 튼튼한 기운을 당겨 보세요. 관재는 저절로 풀리고, 구설은 오히려 나를 이롭게 합니다.

구설수를 해결하는 그림

기운이 동動하였다가 정靜해지고, 또 동하였다가 정해진다. 모든 것은 결국 본래의 정靜으로 수렴되기 마련. 동은 움직임이요 정은 고요함이다.

▲ 구설수를 해결하는 그림

민사소송을 해결하는 그림

탁한 기운이 중앙으로 집중되어 무한한 공空으로 빨려들어 사라진다. 탁함은 갈등이요, 반목이요, 질시다. 공空은 비움이요 사라짐이다.

▲ 민사소송을 해결하는 그림

형사소송을 해결하는 그림

백색의 에너지는 공空의 의미다. 공은 비움이다. 즉, 본인에게 전개되는 좋지 않은 모든 기운으로 비우고 물리쳐서 원상태로 돌려놓는다.

▲ 형사소송을 해결하는 그림

07 교통사고를 방지하자

교통사고에 대한 사주명리학적 단상

명리학에서는 자동차를 어찌 볼까요? 사주팔자를 보면 자동차의 형태가 눈에 막 그려질까요? 아닙니다. 자신이 태어난 생년월일시 속에 들어 있는 인印이라는 글자가 교통사고와 관련이 있습니다. '인印'은 우리가 서류에 찍는 도장을 뜻합니다. 차량과 도장이 무슨 관련이 있을까 하겠지만 밀접한 관련이 있습니다. 도장은 국가에서 인정하고 허락한다는 뜻입니다. 국가에서 주는 자동차 면허증을 연상하시면 됩니다.

사주명리학에서 말하는 인印은 여러 가지가 있습니다. 집문서도 국가의 인정을 받아야 하니 인이고, 의사 자격증·변호사 자격증·전산 자격증 등 각종 자격증도 국가의 인정을 받아야 하니 인으로 봅니다. 개인의 사주팔자를 보면 인이 없는 사람도 가끔 있습니다. 극단적으로 말해서, 그 팔자는 집도 없고 자격증도 없다고 보면 됩니다. 만약 천신만고 끝에 집을 샀다고 해도 몇 년 안에 사라질 팔자라고 할 수 있습니다. 이런 경우에는 집을 사지 말고 전세로 사는 것이 낫습니다. 여윳돈은 현금으로 보유하는 편이 더 이익입니다. 아니면 본인 명의로 하지 말고 배우자나 자식 명의로 하면 도움이 됩니다. 물론 배우자나 자식의 사주팔자에 인印이라는 글자가 있어야 하지요.

자동차와 관계된 인印은 인과 함께 역마驛馬가 붙어 있는 것을 보고 파악합니다. 한자로는 '인신사해寅申巳亥'가 이에 해당합니다. 다소 어려운 이야기입니다만, 아무튼 이 역마가 붙은 도장이 어느 날 느닷없이 깨지면 교통사고가 납니다. 또는, 이 역마가 붙은 글자들이 나를 부수고 들어와도 교통사고가 일어납니다. 글자가 스스로 깨져도 교통사고, 글자가 나를 부숴도 교통사고입니다. 깨지고 부숴지면 크든 작든 거의 반드시 교통사고가 일어납니다.

명리학은 사고가 터지는 시점과 장소까지도 정확히 짚어 낼 수 있습니다. 당연히 실력이 있는 사람이 봐야겠지요. 그렇다면 의문이 생깁니다. 그 시점과 장소까지 알게 되면 사고를 피할 수 있지 않느냐는 것입니다. 절대 피할 수 없다고 말하는 사람도 있고, 알면 반드시 피할 수 있다고 말하는 사람도 있습니다. 어느 쪽이 맞을까요? 답은 간단합니다. 국가에서 실시하는 교통정책을 예로 들어 보죠. 시내 도로의 제한속도가 60킬로미터에서 50킬로미터로 바뀌면 교통사고율이 현저하게 떨어집니다. 즉, 조심하면 사고를 피할 수 있다는 말이지요. 아니면 큰 사고를 가벼운 사고로 마무리할 수 있습니다. 사고다발 지역에서 속도를 줄여 운전하면 사고율이 떨어지듯, 운전 습관을 바꾸고 안전하게 운전하면 사고를 피해 살 수 있습니다.

사고는 교통사고만 있는 것이 아닙니다. 낙상落傷, 즉 걸어가다가 넘어져서 팔다리나 허리를 다치는 경우도 사고입니다. 대체로 여행 중이나 산책 중에 일어납니다. 또, 외출 중에 불의의 습격을 당하든지 시비에 말려들어 폭력적 상황에 노출될 수도 있습니다. 이러한 일이 벌어지지 않아야 하지만, 기운을 타고 들어오면 피할 수 없습니다. 따라서 외출 시 발생하는 각종 사고와 사건을 방지하는 것은 일차적으로 개인의 조심에 달렸지만, 그 다음엔 기운입니다. 좋지 않은 기운을 차단하고, 좋은 기운을 불어넣으면 이런 사고를 미연에 방지할 수 있습니다. 나쁜 기운을 차단하고, 좋은 기운을 불러오는 다음 그림들을 자동차나 몸 가까이에 붙여 두세요.

안전한 외출을 돕는 그림

이 도상의 핵심 에너지는 평화다. 3등분의 그림은 솥의 발이 3개인 것을 형상한다. 무게중심이 잡혀 결코 넘어지고 무너지지 않음이다.

▲ 안전한 외출을 돕는 그림

안전운전을 돕는 그림

내가 가야 하는 길은 내가 가고, 상대가 가야 하는 길은 상대가 간다. 서로 마주칠 이유가 없다. 음양의 에너지는 각기 합쳐지지 않는다.

▲ 안전운전을 돕는 그림

08 반려동물과 행복하기

반려동물에 대한 사주명리학적 단상

명리학적으로 반려동물을 생각할 때 흥미로운 대목이 있습니다. 명리학에서는 사주팔자를 보면서 한 개인이 출산하는 자녀수를 다양한 법칙을 통해 계산합니다. 이때 똑같은 사주라고 해도 조선시대의 사주와 현대인의 사주가 같지 않다는 것을 전제합니다. 시대적 여건에 따라 사주팔자를 해석하는 법칙이 다르다는 뜻입니다. 조선시대에는 자녀를 생기는 대로 많이 낳았으나, 현대인은 한두 명 정도만 낳습니다. 많아도 세 명 이상 낳는 경우가 드물지요.

동일한 사주팔자는 대략 60년에 하나씩 나옵니다. 천체의 주기적 현상을 기준으로 한 해의 시작과 시간을 정하는 동양 역법曆法에는 60갑자라는 것이 있는데, 이는 60년을 주기로 갑자년甲子年이 한 번씩 들어온다는 의미입니다. 즉, 60년에 한 번씩은 동일한 사주팔자가 나올 가능성이 있다는 말이지요. 그런데 동일한 사주팔자라도 60년 전 사람의 자녀수와 60년 후 사람의 자녀수는 현저히 다릅니다. 이를 어찌 해석해야 할까요.

또한, 같은 시점에 태어난 동일한 사주팔자라고 해도 자녀수는 동일하지 않음이 증명되고 있습니다. 한 명일 수도 있고 두세 명일 수도 있습니다. 이것은 명리학이 풀어야 할 과제일 수 있습니다. 배우자에 따라서 다를 수 있고, 시대적 여건과 경제적 상황 등도 고려 대상입니다.

그런데 여기서 흥미로운 것은, 사주팔자에 꼭 낳아야 하는 자녀수를 채우지 못했을 때 부족한 수를 반려동물로 채운다는 점입니다. 총 5명의 자녀를 두어야 하는 팔자가 자녀를 2명만 두었다면 반려동물 세 마리를 키우는 식이지요. 만일 그 사람이 동물을 싫어한다면 그 수만큼의 큰 인형을 집 안에 두기도 합니다.

이를 어찌 해석해야 할까요? 그래서 명리학을 공부하는 사람들은 반려동물이 가족이라는 말에 100퍼센트 동의할 수밖에 없습니다. 필요한 가족 수만큼 반려동물로 채우고 있으니 반려동물은 바로 가족입니다. 더 놀라운 점은, 명리학에서 짚는 자녀 출생 시점에 반려동물을 입양한다는 점입니다.

결론적으로 명리학에서는 반려동물을 자식이나 형제처럼 가족 개념으로 봅니다. 서로 사랑하고 배려하며 동거하는 가족입니다. 가족의 행복은 나의 행복이고, 가족의 건강은 나의 기쁨입니다.

참고로 반려동물도 사주팔자가 있습니다. 반려동물이 태어난 생년월일시를 보고 판단하는 방법이 있고, 해당 가정에 입양하는 시점으로 생년월일시를 잡는 방법도 있습니다. 이 둘 중 어느 것이 더 잘 맞는지는 아직 명리학계에서 다양하게 시험해 보지 않은 미지의 영역이므로 확정할 수 없지만, 개인적으로는 동물계에서 인간계로 진입한 시점인 입양 시기를 보는 것이 맞지 않나 생각합니다. 왜냐하면 인간계로 진입하는 행운은 누구나 누릴 수 있는 것이 아니고, 동물계의 생존법칙에서 벗어난 인간 가정의 안락함은 차원이 다른 것이기 때문입니다.

관련 자료를 보면, 자연 상태에서 유기된 반려동물의 수명은 2~3년을 넘기지 못한다고 합니다. 가정에서 사랑받으면서 편안하게 살아가는 동물들은 수명이 15년 전후라는 점을 감안하면 상당한 차이가 나지요. 즉, 주인이 얼마큼 잘 돌보냐에 따라 같은 동물이라고 해도 팔자가 변하는 것입니다. 인간이나 반려동물이나 노력 여하에 따라 팔자는 변합니다.

그 노력의 일환으로 반려동물에게 기운을 불어넣어 주세요. 병에 걸려 아픈 애들, 환경 적응이 어려워 힘겨워하는 애들, 주인과의 유대 관계가 잘 형성되지 않는 애들, 괜히 공격적인 애들에게 다음 그림을 보여 주세요. 그림을 보여 주기 어렵다면 반려동물이 잘 다니는 장소에 붙여 놓아도 좋습니다. 작은 그림을 목걸이에 붙여 두어도 도움이 됩니다.

반려동물이 행복해지는 그림

강력한 보호막 에너지가 형성된 도상이다. 에너지의 집중은 중심에 있는 선으로, 이 선에서 반려동물을 보호하는 기파氣波가 뻗어 나간다.

▲ 반려동물이 행복해지는 그림

9 아름다운 연애를 위해

연애에 대한 사주명리학적 단상

사주를 보면 '선수급' 연애박사 사주가 있는가 하면, 평생 연애를 한 번도 못 하는 사주도 있습니다. 1년에 열두 번씩 애인을 갈아치우고 이를 훈장처럼 여기는 사람이 있는 반면, 50이 넘어도 결혼은커녕 손 한 번 잡아 보지 못하고 살아가는 사람도 있습니다. 왜 이런 일이 벌어질까요?

명리학에서는 모든 것이 사주팔자에 나와 있다고 합니다. 명리학에서 연애운을 살피는 코드는 두 가지입니다. 우선은 점유력입니다. 이성의 마음을 빼앗고 자기 쪽으로 끌어들이는 에너지의 흐름이지요. 이 에너지가 언변으로 발달된 사람도 있고, 세련된 매너로 어필하는 사람도 있고, 탁월한 신체적 아름다움으로 끌어들이는 사람도 있습니다. 두 번째 코드는 흔히 '도화살桃花殺'이라고 부르는 것입니다. 도화살은 '복숭아꽃의 살기殺氣'라는 뜻으로, 이 기운이 있으면 이성에게 크게 어필된다고 알려져 있습니다.

복숭아꽃은 봄에 연분홍색으로 피어나는 꽃입니다. 가슴 설레는 봄철에 마음에 드는 이성을 보고 얼

굴이 발그레해지는 것과 흡사한 색이죠. 도화살이 있으면 이성을 보면 마음이 흔들리고, 이성도 나에게 마음이 흔들립니다. 마음이 서로 흔들리다 보면 '썸'도 타고 연애가 본격적으로 시작되지요.

하지만 도화살도 적당해야 하는데, 너무 강하면 바람둥이가 됩니다. 예전에는 이 도화살을 좋지 않게 보았습니다. 특히 자유연애가 금기시된 조선시대에는 도화살을 가문에 해를 끼치는 매우 좋지 않은 기운으로 보았습니다. 사주팔자에 도화살이 강하면 몹쓸 사람으로 치부했던 시절이죠. 하지만 지금은 다릅니다. 적당한 도화살은 이성에게 크게 어필되어 좋은 결혼으로 이어질 가능성이 높습니다. 특히 연예인의 경우에는 도화살이 필수라는 말까지 있을 정도죠. 남자건 여자건 팬들에게 섹시하게 느껴져야 인기를 얻기 때문입니다. 그래서 요즘에는 도화살을 '인기살'이라고 합니다.

그럼, 땅을 파도 없는 도화살을 어찌해야 할까요? 게다가 이성의 마음을 차지하는 에너지도 없으면 어찌해야 할까요? 계속 이렇게 외롭게 살아야 할까요? 계속 말씀드렸죠? 없으면 채우는 것이 명리학이고 이 책의 주제라고요. 일단 할 수 있는 건 다 해야죠. 외모를 가꾸고, 은은하게 향수도 뿌리고, 재밌게 말하는 법도 연습하고, 멋진 매너로 상대를 배려하고 할 건 다 해 봐야죠. 부족한 부분을 피나는(?) 노력으로 채워야 합니다. 그 다음에 이성에게 어필하는 도화의 '끼'를 불러와야 합니다.

명리학에는 '궁합론'이 따로 있습니다. 남녀의 사주를 보고 그 사주의 주체인 일간日干끼리의 합合을 먼저 살핍니다. 일간이 서로 정이 가득한 합으로 엮어지면 좋은 합이라고 합니다. 구체적으로는 갑기합甲己合, 을경합乙庚合, 병신합丙辛合, 정임합丁壬合, 무계합戊癸合의 다섯 가지가 있습니다. 이러한 합이 만들어지면 이상하게 그 사람에게 끌려 들어갑니다. 안 보면 보고 싶고, 보고 있으면 헤어지기 싫어지는 찰떡궁합이죠.

그 다음으로는 배우자가 들어오는 궁宮(집)이 있습니다. 이 궁은 자신이 태어난 날짜인 일지日支에 있는데, 남녀가 모두 일지끼리 합을 하면 또한 좋은 궁합이라고 합니다.

전문적으로 보면 일지끼리의 합은 자축합子丑合, 인해합寅亥合, 묘술합卯戌合, 진유합辰酉合, 사신합巳申合, 오미합午未合으로 총 6개가 있습니다. 앞서 말한 5개의 합과 지금 말한 6개의 합이 동시에 일어나면 벗어날 수가 없습니다. "하늘이 두 쪽 나도 우리를 갈라 놓을 수 없다"는 말이 여기에 해당하는 것이죠. 그런데 이 정도 찰떡궁합은 거의 없습니다. 불가능에 가깝지요.

그래서 후천적 궁합이 중요합니다. 선천적으로 안 되는 궁합이라고 해도 후천적으로 얼마든지 개선할 수 있습니다. 후천적 궁합이 좋은 기운을 끌어당기는 것이지요. 이상하게 저 사람한테 끌려, 나도 모르게 좋아졌어, 왜 자꾸 생각나지? 이것이 바로 점유의 힘과 도화의 기운입니다. 이것을 당겨옵시다. 다음은 점유의 힘과 도화의 기운을 끌어당기는 그림들입니다. 보는 것만으로도 9할은 성공했습니다. 사랑하고 사랑받으면 인생이 달라집니다.

여자가 나를 좋아하게 하는 그림

사각형 도상 안에서 기파氣波가 좌우로 움직인다. 왼손과 오른손! 사랑하는 여인을 손과 가슴으로 따뜻하게 감싸 안아 주는 펼침막이다.

▲ 여자가 나를 좋아하게 하는 그림

남자가 나를 좋아하게 하는 그림

중심에 있는 기운이 강력하게 사방팔방四方八方으로 뻗어 나간다. 그 중심은 여인의 아름다움! 짙은 어둠 속에서도 그 아름다움은 멈출 수가 없다.

▲ 남자가 나를 좋아하게 하는 그림

권태기를 극복하는 그림

어둠 속에서 여러 갈래의 빛이 출발한다. 그 빛은 나에게도 닿고 그에게도 닿는다. 둘을 이어 주는 빛의 연결고리. 빛은 사랑, 믿음, 신뢰, 따스함의 기운이다.

▲ 권태기를 극복하는 그림

부　록

부적카드

부적카드 활용법

1 카드 뒷면에 구체적인 소원이나 목표를 적은 후 예쁘게 접어서 지갑 안에 부적처럼 지니고 다니세요.
  소원은 가능한 한 구체적으로 적는 것이 좋다는 거 아시죠?

2 구체적인 소원을 적은 후 책상이나 컴퓨터, 자동차 안에 붙여 두어도 좋답니다.

3 연말연시에 선물할 일 많으시죠? 선물할 때 카드 뒷면에 이렇게 메모해서 카드처럼 드리는 겁니다.
  "건강한 기운을 불러들이는 그림이랍니다. 부적처럼 가까이 붙여 두시면 늘 건강하실 거예요."

▲ 부동산을 상승시키는 그림

▲ 주식을 상승시키는 그림

▲ 월급을 상승시키는 그림

▲ 사업을 상승시키는 그림

▲ 취직 잘되는 그림

▲ 승진 잘되는 그림

▲ 상사와 화합하는 그림

▲ 부하와 화합하는 그림

▲ 동료와 화합하는 그림

▲ 질병을 퇴치하는 그림

▲ 건강을 증진시키는 그림

▲ 수명을 연장하는 그림

109

▲ 진학 잘되는 그림

▲ 학습 잘되는 그림

▲ 선생님과 화합하는 그림

▲ 학우와 화합하는 그림

▲ 부부가 화합하는 그림

▲ 형제가 화합하는 그림

▲ 부모자식이 화합하는 그림

▲ 구설수를 해결하는 그림

▲ 민사소송을 해결하는 그림

▲ 형사소송을 해결하는 그림

▲ 안전한 외출을 돕는 그림

▲ 안전운전을 돕는 그림

▲ 반려동물이 행복해지는 그림

▲ 여자가 나를 좋아하게 하는 그림

▲ 남자가 나를 좋아하게 하는 그림

▲ 권태기를 극복하는 그림

글 강산

동아대학교 금융학과를 졸업하고, 원광대학교 동양학대학원에서 동양철학 석사학위를 받았습니다. 초등학교 5학년 때 운명에 꽂혀 운명 감별과 개척을 평생의 업으로 삼기로 결심했답니다. 2004년부터 부산에서 '강산역학원'을 운영하며 국회의원과 시의원 등 유수의 정치인들과 이름만 대면 알 만한 기업가들의 풍수와 사주를 컨설팅했습니다. 틈틈이 정당 정치학교와 지자체 등에서 교양 강좌를 맡고 있습니다.

그림 백철호

부산대학교 예술대학 미술학과 졸업, 부산대학교 문화와 예술영상매체학과 미학전공 박사 과정을 수료했습니다. 현재 경성대학교 겸임교수이며, DESIGN CENTER ma. ru 대표를 맡고 있습니다.

내 운명을 바꾸는 사주그림책

2019년 12월 25일 초판 1쇄 발행

지은이 강산·백철호
펴낸이 노경인·김주영

펴낸곳 도서출판 앨피
출판등록 2004년 11월 23일 제2011-000087호
주소 우)07275 서울시 영등포구 영등포로 5길 19(양평동 2가, 동아프라임밸리) 1202-1호
전화 02-336-2776   **팩스** 0505-115-0525
블로그 bolg.naver.com/lpbook12
전자우편 lpbook12@naver.com

ISBN 979-11-87430-81-0   03180